Mary a los 121 años, en Chattanooga.

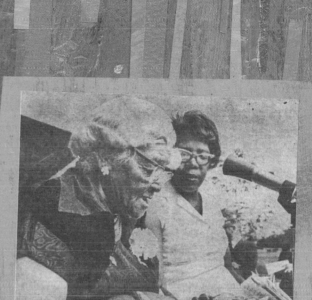

Mary le lee a su maestra, Helen Kelley.

Helen Kelley le entrega a Mary su primer diploma,
que certifica que sabe leer.

A mi hermana mayor, Marlena D. Russell, que adoraba compartir conmigo
las palabras de su vocabulario de primer grado. —R. L. H.

A mis mentores, April y Judy-Sue. —O. M.

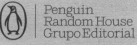

Título original: *The Oldest Student: How Mary Walker Learned to Read*

Primera edición: enero de 2022
Esta traducción es publicada por acuerdo con Random House Children's Books,
una división de Penguin Random House LLC.

© 2020, Rita Lorraine Hubbard
© 2020, Oge Mora, por las ilustraciones de cubierta e interiores
© 2022, Penguin Random House Grupo Editorial USA, LLC
8950 SW 74th Court, Suite 2010
Miami, FL 33156

Traducción: Ximena Gómez
Diseño: Rachael Cole

Impreso en México / *Printed in Mexico*

ISBN: 978-1-64473-379-0

22 23 24 25 26   10 9 8 7 6 5 4 3 2 1

BIBLIOGRAFÍA SELECTA

Bowles, Jay. "Former Slave Is Nation's Oldest Student." [Una antigua esclava es la alumna más vieja de la nación]. *Modern Maturity*, feb–mar de 1967, p. 27.

Collins, J. B. "Ex-Slave Says First Airplane Ride 'No Different from Hoss and Buggy.'" [Una ex-esclava dice que su primer vuelo en avión "No es diferente a un paseo a caballo o en carruaje"]. *News Free Press*, 6 de mayo de 1966.

Edwards, Jr., John Loyd. *The Ex-Slave Extra: Never Too Old, Coming from Slavery thru Slums to Celebrity* [El esfuerzo extra de la ex-esclava: Nunca demasiado vieja, de la esclavitud a la celebridad pasando por los barrios pobres]. Help, Inc., 1976.

"Grandma' Walker's Inspiration." [La inspiración de la abuela Walker]. *Chattanooga Post*, 4 de diciembre de 1969.

Gunn, T. R. "A Slave Who Escaped." [Una esclava que escapó]. *Mahogany*, 24 de julio de 1979, p. 17.

"Literacy Student, Age 99, Honored on Birthday."[Alumna de alfabetización de 99 años, homenajeada en su cumpleaños]. *Chattanooga Times*, 2 de junio de 1965. [Nota histórica: Se estableció que Mary Walker tenía 116 años el 2 de junio de 1965.]

Ozmer, Marianne. "103 and Still Going Strong." [103 años y todavía está fuerte] *News Free Press*, 7 de mayo de 1969. [Nota histórica: Se estableció que Mary Walker tenía 121 años en 1969.]

Patten, Lee. "Gramma Honored on 100th Birthday." [Homenaje a una abuela el día de sus 100 años] *Chattanooga Times*, 7 de mayo de 1966. [Nota histórica: Se estableció que Mary Walker tenía 117 años en esa fecha.]

LA ESTUDIANTE MAYOR

CÓMO MARY WALKER APRENDIÓ A LEER

RITA LORRAINE HUBBARD

ILUSTRACIONES DE
OGE MORA

TRADUCCIÓN DE
XIMENA GÓMEZ

VINTAGE ESPAÑOL

Cuando la joven Mary Walker estaba cansada,
se protegía los ojos del sol con la mano
y miraba los halcones tijereta lanzarse en picada,
para luego elevarse por encima de los árboles.

—Así debe sentirse ser libre—, pensaba ella.

Pero Mary no los miraba durante mucho tiempo.
Aunque solo tenía ocho años, conocía la primera regla
de la plantación de Alabama donde vivía:

¡SIGAN TRABAJANDO!

Conocía también la segunda regla: no se debía enseñar a los esclavos a leer o escribir, ni hacer algo que los ayudara a aprender.

Mary no dejaba de trabajar. Tampoco aprendía a leer.

Pero al final de cada largo día en que recogía algodón, acarreaba agua para su papá y los otros esclavos que cortaban madera para los rieles o ayudaba a mamá a limpiar la casa grande, ella se acostaba en su camita junto a la vieja chimenea y pensaba en aquellas aves.

—Cuando sea libre, iré a donde quiera y descansaré cuando quiera. Y también aprenderé a leer.

Eso ocurrió cuando tuvo quince años.

Mary, su madre, sus hermanos y su hermana eran libres.

Así lo decía la Proclamación de Emancipación.

Lo que no decía era cómo una familia sin más que harapos encima podía encontrar comida, ropa y un sitio para dormir.

El padre de Mary había muerto y la familia tenía que valerse por sí misma.

¡EL CAMINO DE LA LIBERTAD!

¡HACIA EL CAMINO DE LA LIBERTAD!

A campo traviesa y por los bosques, los que habían sido esclavos surgían como olas que rompían con fuerza en la orilla.

(Ahora que eran libres, todos los caminos eran caminos de libertad). Muchos se dirigían al norte y al oeste y en cualquier dirección en busca de familiares perdidos hacía tiempo, o simplemente para experimentar la maravilla de ser libres.

Como Mary, otros decidieron quedarse en el Sur.
Una organización llamada Oficina de Emancipados
ayudaba a los que se quedaban a encontrar un lugar
donde vivir en tierras confederadas abandonadas.

Mary y su familia se instalaron en una cabaña
de una sola habitación y, durante los años siguientes,
ella trabajó junto con su madre para ayudar a alimentar
a sus hermanos.

Siete días a la semana ella batía mantequilla,
limpiaba casas y cuidaba a los niños de otras personas.

Las horas eran largas, y si Mary tenía sed o hambre
o necesitaba ir el baño, tenía que esperar hasta llegar a
su casa.

Al final de la semana, le entregaba a su mamá una
moneda con los únicos 25 centavos que había ganado.

Un día, Mary se encontró con un grupo de evangelizadores
a orillas de la carretera. Una mujer de rostro bondadoso con suaves
arrugas, le puso a Mary en las manos una Biblia grande y hermosa,
y le dijo:

TUS dERECHOS cIVILES ESTÁN
EN EStas PágINas.

Mary no sabía qué eran los derechos civiles.
Solo sabía que, de arriba a abajo y de principio a fin,
ese libro estaba lleno de palabras.
—Voy a aprender a leer esas palabras— se prometió.
Pero hoy no. Hoy tenía trabajo que hacer.

Y mañana también.

Cuando Mary se casó, ella y su marido trabajaron como aparceros: arrendaban la casa de otro, usaban las herramientas de otro y sembraban las semillas de otro para cultivar una tierra que nunca sería suya.

Después de recoger la cosecha, casi todo el dinero que ganaban
se gastaba en pagar los gastos de vivienda, herramientas y semillas.

Mary tenía veinte años cuando nació su primer hijo.

Abrió su Biblia y se maravilló con los garabatos que había adentro.

No había tenido tiempo de aprender a leer.

Un amigo escribió la fecha de nacimiento del hijo de Mary en la Biblia: 26 de agosto de 1869.

Luego Mary mojó una pluma en un tintero y puso su marca al lado de la fecha.

No una letra ni un nombre, solo una marca. Era lo mejor que podía hacer.

Un día, el marido de Mary murió. Ella volvió a casarse y nació un segundo hijo, luego un tercero. Mary puso su marca para estos hijos también. Ahora tenía tres hijos.

—Más dinero, eso necesitamos— pensó Mary.

Pero los únicos trabajos disponibles para las mujeres negras eran de sirvienta, niñera o cocinera. Las horas eran largas, con solo medio día libre los sábados y, como en la aparcería, no pagaban bien.

Mary suspiró. Las palabras tendrían que esperar.

Durante las siguientes cuatro décadas, Mary fue aparcera y hacía trabajos ocasionales para ayudar a mantener a su familia.

En 1917, la familia de Mary se mudó a la pequeña ciudad de Chattanooga, en Tennessee. Fue el año de la gran inundación de Chattanooga. La historia salió en todos los periódicos, pero Mary solo podía mirar las fotos para entender lo que había pasado.

Para entonces, Mary tenía sesenta y ocho años y era demasiado vieja
para la aparcería, pero seguía trabajando: cocinaba, limpiaba y cuidaba
niños. También freía pescado, horneaba pasteles y vendía sándwiches
para conseguir fondos para su iglesia.

Los domingos se sentaba en la congregación y, mientras el predicador hablaba,
ella apretaba la Biblia de su familia contra su pecho; la Biblia que aún no podía leer.

Cuando Mary ya pasaba de los noventa años, ella y su marido se sentaban en sus mecedoras chirriantes mientras alguno de sus hijos les leía.

Después de que los dos hijos más jóvenes murieron, les leía el mayor. Luego murió el marido de Mary. Varios años después, el hijo mayor también murió. Tenía noventa y cuatro años.

Mary había vivido más que toda su familia.

Tenía 114 años y estaba sola.

—No sé leer— dijo—. No sé escribir. No sé nada.

Mary se asomó a la ventana de su hogar de ancianos
y contempló el mundo a sus pies. Había palabras por todas
partes: en carteles, en edificios, en vidrieras de tiendas y
en camiones.

Suspiró.

—Tanto tiempo y todavía parecen garabatos.

Mary escuchó decir que en su edificio daban una nueva clase de lectura.

Frunció los labios.

—Ya no puedo esperar— decidió—. Llegó la hora de aprender.

Salió de su apartamento, entró en el ascensor y bajó al vestíbulo.

Cuando las puertas del ascensor se abrieron, Mary vio a varias personas sentadas alrededor de un letrero con la imagen de un libro abierto. No podía leer las palabras.

Un vecino se acercó a ella:

—Esa es una clase de lectura, señora Mary. ¿Necesita ayuda?

Mary sacudió la cabeza. Luego agarró su bastón, levantó la barbilla y caminó en dirección al letrero.

Durante el año siguiente y un poco más,

Mary puso todo su empeño en aprender a leer.

No fue fácil, pues era la alumna más anciana de la clase

y probablemente de todo el país.

¿Podía alguien de su edad aprender a leer?

No lo sabía, pero por Dios, lo iba a intentar.

Estudiaba el alfabeto hasta que se le humedecían los ojos.

Memorizaba el sonido de cada letra y practicaba escribir su nombre

tantas veces que los dedos se le entumecían.

Aprendió a reconocer las palabras más usadas

y se retó a sí misma a hacer frases cortas con ellas.

Estudiaba y estudiaba hasta que los libros, las páginas, las letras

y las palabras se arremolinaban en su cabeza mientras dormía.

Un buen día el duro esfuerzo de Mary dio sus frutos.

¡Sabía leer!

La noticia de su logro se difundió y gente de todas partes celebró con ella: el alcalde de Chattanooga, reporteros de periódicos de todo el país y un hombre del Departamento de Educación que dijo:

—Señora Mary Walker, la declaro la estudiante mayor de la nación.

Todos compartían su alegría.

FELIZ
CUMPLEAÑOS,
ABUELA
WALKER

COMERCIO

PARADA
DE
AUTOBÚS

TIENDA

ABIER

SUPERM

Mary se sentía completa. Echaba de menos a sus hijos, pero cuando se sentía sola leía su Biblia o se asomaba a la ventana, y leía las palabras de la calle de abajo.

Anualmente, los habitantes de Chattanooga celebran el logro de Mary el día de su cumpleaños.

En 1966, el presidente Lyndon B. Johnson felicitó a Mary al cumplir 118 años; y en 1969, el presidente Richard Nixon también la felicitó por su cumpleaños. Mary tenía entonces 121 años.

Mary recibió muchos regalos a lo largo de los años: un radio, un sofá, su primer televisor, una Biblia nueva, la llave de la ciudad y perfume y champaña de la Policía Montada Canadiense.

También recibió algo que le hizo recordar aquellos largos días en los campos de algodón de Alabama: su primer viaje en avión.

Desde la ventana de la cabina, Mary miraba los árboles y los tejados de abajo.

—No es diferente a un paseo a caballo o en carruaje— bromeó, pero sabía que sí lo era.

Mientras el avión descendía y luego se elevaba como aquellos halcones tijereta años atrás, Mary concluyó que volar era bastante parecido a leer: ambos hacían que el cuerpo se sintiera tan libre como un pájaro.

Cada año, antes de que la fiesta de cumpleaños se acabara, alguien susurraba:

—Escuchemos a la señora Mary.

El ruido de las pisadas y del movimiento se iba apagando

hasta que no se oía ningún sonido.

Entonces, Mary se paraba sobre sus piernas ya muy cansadas, aclaraba su gastada garganta y leía de su Biblia o de su libro de texto, con voz clara y fuerte.

Cuando terminaba, cerraba el libro
con cuidado y decía:

NUNCA ES DEMASIADO TARDE PARA APRENDER

SANTA BIBLIA

NOTA DE LA AUTORA

Mary Walker nació siendo esclava el 6 de mayo de 1848. Desde muy joven recogía algodón, cargaba agua, limpiaba casas y trabajaba como herrera. Siendo mayor, nunca olvidó los duros castigos que recibían los esclavos si dejaban de trabajar sin permiso, pero enseguida aclaraba que había perdonado a todos por las cosas que había vivido.

Muy poco se sabe de la vida de Mary desde su emancipación a los 15 años hasta que aprendió a leer a los 116, pero es un hecho que su Biblia esperó 101 años hasta que ella aprendió a leerla. Se sabe que Mary se casó dos veces y tuvo tres hijos. Uno de sus hijos participó en la Primera Guerra Mundial.

En este libro tomé la decisión de imaginar otros detalles para completar la historia.

El hijo mayor de Mary murió en 1963. En ese mismo año, ella se inscribió en CALM, siglas en inglés para el Movimiento de Alfabetización del Área de Chattanooga, y al año siguiente ya sabía leer y escribir, sumar y restar. Le otorgaron entonces un diploma por ser la estudiante de más edad de la nación, y fue nombrada dos veces Embajadora de Buena Voluntad de Chattanooga. A su hogar de ancianos le cambiaron el nombre y le pusieron Torres Mary Walker.

Mary recibió la llave de la ciudad de Chattanooga en 1966 y en 1969. Por estos años hizo su primer viaje en avión, cuando el piloto Harry Porter la llevó a volar sobre su edificio de apartamentos, para que pudiera saludar a sus amigos desde arriba.

Antes de su muerte el 1 de diciembre de 1969, a la edad de 121 años, Mary aún veía y oía bien. Todavía podía sostener un lápiz con firmeza y escribir su nombre, y caminaba con el apoyo mínimo de su fiel bastón. También cosía bonitos gorros y horneaba pasteles de los que presumía diciendo que eran "livianos como plumas".

Mary vivió durante el gobierno de veintiséis presidentes. Hoy en día, en el 3031 del Boulevard Wilcox en Chattanooga, Tennessee, la placa conmemorativa número 2A73 del Registro de Lugares Históricos honra su asombrosa vida.

Mary lee su libro preferido,
la Biblia.

El primer vuelo de Mary en avión.

Mary, cuando cumplió 99 años.